AF599808

EL CIELO CANTA EN CLAVE DE SOL

CARLOS CUEVAS GRANADOS

Aliar ediciones

Corrección: Eladia Guerrero
Diseño de cubierta: Mónica Morales
Maquetación: Aliar Ediciones

Depósito: GR 1538-2025
ISBN: 979-13-88058-01-1

Impreso en España

Edita
ALIAR Ediciones
www.aliarediciones.es
info@aliarediciones.es

EL CIELO CANTA EN CLAVE DE SOL

CARLOS CUEVAS GRANADOS

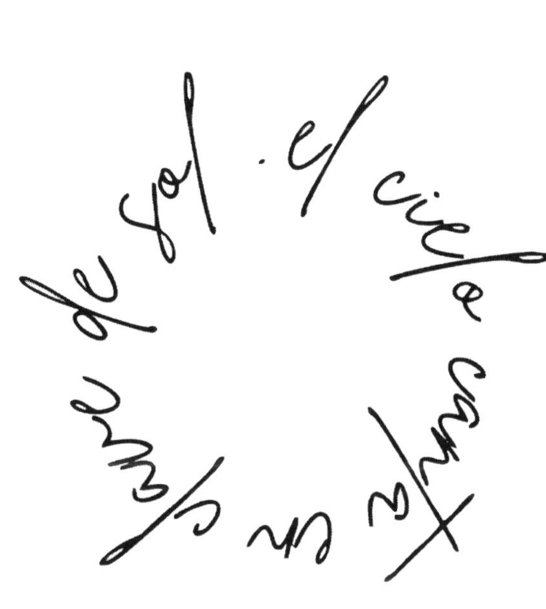
el cielo canta un salmo de sol

EN EL CAMINO

EL CIELO CANTA EN CLAVE DE SOL

Por el aire van
los suspiros de mi amante,
por el aire van,
van por el aire.
Federico García Lorca

El cielo canta en clave de sol.
Mi cielo canta, en clave de sol.
Por Si Fa o por Si viene.
¿Do se irá? ¿Re Do es que viene?

En el aire se nota el aroma,
por el viento va un mensaje.
Es un beso, que al aire me lanzaste
para que el cielo, que canta en clave de sol,
me lo haga llegar;
por el aire.

Ya recibí el beso.
Ya te escribí una carta.
Te la mandé con una flor.
Para que te llegue por mensajería alada.
Mi cielo, mi día:
los pájaros a ti te cantan —todo lo que yo te escribo— en clave de sol.
Por el aire ya se nota el aroma
del beso que mandé.

EL CIELO VUELA

El cielo vuela
con un ala rota
y dorada la otra.

Ave de la eternidad,
ella es de otra época,
en la que no hacía falta recordar las promesas
y todo se cumplía por trabajo y posteridad.

Pero
yo no sé qué más quiero.
Pero
yo me desespero.
Ave de extraño azul,
cielo que vuelas,
protege con tu manto
lo que el sol marca con sus secuelas.

AL ALBA Y LA AURORA

Existen dos hermanas
llamadas entre ellas Alba y Aurora;
cuando una duerme,
a la otra se le desvelan las horas.

Existen dos hermanas de aspecto gemelo
entre el arjé y el éter de las cosas,
etéreas como el cielo
que se alimentan del néctar del nácar
al coincidir entre sí con la primera hora del sol mañanero.

Horario primero, sé cesante.
Hora primera, mostrad:
vuestros pájaros de sonoridad
y un sol radiante
en un instante
de soledad.

Que yo espero aquí, escribiendo cartas,
que aquí yo espero,
tomando el sol al esperar,
en el horario primero
mientras un pájaro me canta
en un clandestino concierto sin entrada
para que mis pensamientos puedan despertar.

ENCERRADO EN MI CEREBRO

Sentadita en la escalera
esperando el porvenir
y el porvenir nunca llega.

Anduve tiempo perdido, en mi cabeza.
Me perdí en mi mente, y no estuve con nadie más.
Planté un jardín con mis dudas y mis certezas,
con la simiente de si dice la verdad
o si miente. No interesa.

Tuve que atender mis temores,
con paciencia, con amores.
Descubrí que los horrores también son sueños,
pero que adoptan otra forma: son señuelos,
son actores.

Estuve leyendo
que, aunque solo seas un enano,
la grandeza reside en las pequeñas cosas.
Pero se me comenzaba a quedar pequeño el habitáculo de mi cráneo.
Necesitaba una salida, unas escaleras.

Dejé mi planta, dejé mi lectura,
sentadita en la escalera
esperando su porvenir,
ay, y el porvenir que nunca llega...

[Anduve perdido:
el páramo era inmenso.
¡Ay, que anduve perdido!
Pero de lo perdido yo me fui.

Salió corriendo
a lomos de sus pensamientos,
de sus pensamientos.

A lomos de sus pensamientos
tan rápido como lento.
A lomos de sus pensamientos
él huyó: salió corriendo.

Y yo me fui].
[Echando de menos me perdí a mí mismo.
Echando de menos, me perdí, me perdí.
Y ahora que me he vuelto a encontrar, a encontrar,
y volví,
ya no lo quiero,
yo ya no quiero,
perderme más].

EL TIEMPO QUE SE NOS VUELA

Velo verde, protege mi vista del agresivo sol
y pégate a mis párpados como el esparadrapo,
que cuando quiera usar mis ojos
ya te preguntaré si debo temer
aquello que me devuelva la mirada.

Pañuelo del amanecer,
sé tú el café que me arranca el sueño de los párpados,
la almohada que me quita el despertar de las entrañas
cada mañana.

Espabilar, antes que el despertador suene,
resulta toda una proeza.
Pero el tiempo lo es todo
si se quiere recoger antes que nadie
lo que uno siembra.

¿Quién ha ido llorando cristales
por el sendero a la ribera?

Incluso en los momentos más dolorosos
siempre hay tiempo para la alegría.
Pero yo, que tan solo sé ser sincero
—me falta picardía—,
guardo en mi agenda mil epitafios;
calendario de cobardía.

Los dos tiempos
—el que se detiene y el que no—
se subyugan como el filo de una gardenia.
Ambos se detienen y me miran,
pero porto un portentoso velo verde
que me protege la mirada.

PASEO

Me llevas por el camino de la amargura,
calle de la desesperanza,
avenida de la perdición.

Este pueblo fantasma está maldito
—quién lo diría—
aunque algunos se acercan por atracción.

País desierto, mundo sin ambición.
Dime, ¿qué puedo hacer yo para divertirme,
si ya me conozco cada rincón?

Debería querer volverme loco
—y vamos si me he vuelto—
y disfruto de cada paseo
tanto como la vez anterior.

VAGABUNDO

Yo
soy vagabundo
por no tener un lugar
en el que poder pasar
más de un segundo.

Sin molestar,
sin mal-estar,
más de un segundo.

Vagabundo
que no permanece en el mismo sitio
más de un segundo;
en el mismo mundo
más de un segundo.

Vago y vago, pero no hago el vago.
Viajo y mis vagones
van de lado a lado.

No hay maleta mas que un pañuelo.
Yo nací vagabundo
en el país más pequeño,
y me quiero mudar andando,
y me quiero morir riendo.

CANCIÓN DEL CAMINO TORCIDO

Hombre de nieve,
mujer de aguasal,
los dos buscáis el río
que dé vertiente al mar.

Solo tenéis un recipiente
y un horizonte al cual mirar,
hombre de escarcha,
mujer de vendaval.

Sendero quebrado
por el asfalto quebradizo
y la tierra del quemar.
Quebradero de cabeza,
¿dónde quedan tus ideas,
tus ideas de ultramar?

Los sortilegios
son sortijas
que sutilmente
llevas en tu pelo
de briznas,
de hebras,
pelo de hierba,
de agua
en perlas.

Tus sortijas
son sortilegios
que sutilmente
sortean
el azar del sorteo
y ganan con el apremio,
de lejos.

Tus pupilas brillan
como las semillas
de esa manzana
tan dorada,
tan sagrada,
que tiene perlas del mar
más inadvertido
en lugar
de un corazón limpio.

El desvío
del camino
es una rama
que me lleva a casa,
que me lleva a cama.

Camino al hogar,
es el mejor camino
que nos queda aún por caminar.

TIEMPO PASADO [A VECES]

A veces perdido,
otras veces también.
Pero siempre tranquilo
porque me sé el camino
—me lo sé—
casi tanto como el vaivén;
como la palma
de esta mano fantasma.
De las veces que me lo han contado
—me lo sé—
en los viejos cuentos que llevan cantando
desde que el tiempo
es pasado.

EN UN ABRIR Y CERRAR DE OJOS

Amantes de la vida somos
y bailamos, la besamos.
Hacemos con ella lo mismo
que al final hacemos todos.

[En un abrir y cerrar de ojos,
nadie sobrevive a la vida sin antojos.
En abrir y cerrarlos, querida:
nadie sobrevive a la vida].

Sin la parte del consuelo,
sin la parte de la prisa,
la muerte fue la amante de la vida
y por eso tiene miedo;
por eso teme a tu visita.

[En un abrir y cerrar de ojos,
nadie sobrevive a la vida sin antojos.
En abrir y cerrarlos, querida:
nadie sobrevive a la vida].

POCO A POCO, PERO A PICO Y PALA

En un eterno tira y afloja
se resume mi vida.
En un eterno tira y afloja
creo que lo puedo marear.

Poco a poco
pero a pico y pala,
el truco se encuentra en nunca parar.
Como un tiburón que no puede quedarse quieto,
uno avanza en silencioso secreto
para paso a paso, gota a gota, recorrerse el mar.

En un eterno tira y afloja
se resume mi vida.
En un eterno tira y afloja
tengo ya las manos rojas.
Nunca supe cuándo parar.

DÓNDE

¿Soledad, adónde te has ido, Soledad?
Desapareces cuando estoy contigo
y te codeas con todo el mundo
en todas partes,
y, aun así, desde entonces, nadie te ha vuelto a ver jamás.
Dime, ¿qué te he hecho, para no dejarte ver?
Te prometo que no notarías compañía conmigo,
mi introvertida amiga.
Estemos juntos en soledad.

AL RALENTÍ

De poco a poco
me hago viejo.
De mucho a mucho
me vuelvo loco.
De a poco
que toco techo.
De a mucho
que me hago viejo...

Detente y apoquina,
muchacho lento,
con poca o con mucha inquina
que de poco a mucho
todos los caminos terminan.

Tumbado te encontré, muchacho, de camino al bosque;
tumbadito en el camino, muchachito, he de decir,
abrazado a la misma piedra que hace caer
una vez y otra vez.
Tumbadito, y esquivando el viento.

Que de mucho a poco, muchacho loco,
el camino no se va a andar tampoco.
Que con prisas o sin ellas, tan solo al ralentí,
muchachito listo, puedes llegar a viejo.

ARRUMACO

El amor fue como fue la historia.
El des-amor se des-arma
como se desarman las bombas;
como quien des-hace las cosas.

Como gacelas y leones
que no pueden ser presas por el día
ni amantes por la noche.

No les dejan, señoras y señores,
ni beber juntos de la acequia
ni calmarse los temores.

Solo se les permite a unos ser cazados
y a otros ser cazadores.
No pueden ser más que animales.

Como esos cuerpos que se retuercen
buscándose morder el cuello
guardando la miel en los labios
para que al día siguiente haya que escupirla.

Y es lo normal. Es un pacto
entre animales civilizados
que hacen de la caza una diplomacia
y de la diplomacia un juego.

El juego está en difuminar la línea
de quién es el cazador y quién el cazado,
sin que ninguno de los dos acabe cansado.

Solo pueden morder y bailar, bailar y morder, morder y bailar...
No se les permite nada más.
Bailar y morder, y morder y bailar, y bailar y morder...

La noche que viene es de luna llena.
A ambos animales les va a tocar volver a cazar
sin acordarse de que fueron presas de la noche anterior.
Animales desconocidos, incluso para ellos mismos;
les late un corazón salvaje en la selva que es su interior.

VESTIDITO

Con un vestido de jazmines
te ponías a bailar
y creabas aires nuevos
por los que nuevos pájaros aprenderían a volar,
vestigios de la primavera
que generas al andar.

AMIGO DE LOS VIENTOS

Viento frío de la mañana,
amigo imaginario
de los niños que se pierden.
Céfiro, cuando pronuncias tu nombre
las consonantes se te alargan.

Agua gélida del río,
animal de montura que viaja
con sus pezuñas de estaño.
Déjate llevar por este niño que se pierde,
Hipocampo.

Peregriné con vosotros
durante dos años
—viento de tormenta,
caballo sin atar—
para llegar al único peñasco.

Para encontrarme con el agua,
y encontrarme con la sal.
Y como oráculo que son me miré,
lanzándome a su espejo,
para preguntarle al mar:

¿Con qué casco me protejo,
si no es con una corona de flores?

¿Con qué cara de tu bosque
yo me iré,
si cuando riego las raíces de tus árboles
crecen pétalos
en las huellas del camino que dejé?

SI VIERA UN SOLO PÁJARO...

Si viera un solo pájaro
de los que cantan a escondidas
yo también desaparecería enseguida
para cantar y que me escuchen sin ser avistado.

Si viera un solo pájaro
mis ojos adquirirían alas
y serían un petirrojo más de la mañana
para dejar de mirar lo extraño.

Si viera un solo pájaro
me acercaría a su mundo, mundo que pocos conocen bien
pero que resultaría extraño,
ya que cuanto más te acercas menos conoces de él.

PETIRROJO DE MEDIO CUERPO

Petirrojo de medio cuerpo,
tienes miedo a caer si dudas
y es algo peligroso el suelo
para un mundo no muy hecho a tus alturas.

Tú sueñas con ser Pegaso
—de aire, de agua—,
pero en este mundo los caballos
viven en la sombra de los árboles
que todavía hoy son tu casa.

No te preocupes, petirrojo,
yo vivo en mi propio hoyuelo
—ya no es peligroso—
y me planto en él como quien cava una maceta
para trasplantar lo que recoja el helio.

Petirrojo maldito de miedo,
petirrojo herido, lo siento,
pero no te puedes quedar aquí.
¡Ay, persona con cuerpo de colibrí!,
tus alas no te sujetan bien el vuelo
pero el aire del firmamento
resulta que, por ahora, te sigue prefiriendo a ti.

GOLONDRINA (BESARTE)

Golondrina azul
que se camufla con el cielo
y que el atlas no la vio venir.

Quiero besar el aire que vuelas
con la misma tesitura
con la que procedo a caminar.

Quiero besar el aire por el que vuelas
para darte libertad.
Como un Céfiro con un tierno,
inocente e infantil estornudar.

Y volverán las golondrinas,
en la oscura agua de tu piscina a beber,
al pasar.

Y al pasar beberé yo, también
porque eres golondrina y sirena,
porque nadas, a la vez que vuelas
—y entre tantas vueltas
encantas cuando cantas,
sin dudar—.

Avísame —si ves que me ahogo—,
que de besar por donde pasas
no me puedo controlar.

PAJARILLOS DE JAULA ABIERTA

Pajarillos de jaula abierta,
el día que marchéis,
si alguien os va a echar de menos
ese voy a ser yo.

Y entiendo que tengáis un nido
que dejéis vacío
pero habrá una cueva
con un eco resentido,
y si alguien estará muy triste,
ese voy a ser yo.

Podré llorar,
a lo mejor hasta me veis
con un corazón partido en los dos puños
—una mitad para cada uno, de recuerdo—;
pero por mí el vuelo no lo frenéis
que lloraré de felicidad
porque no hay nada más necesario
para un pájaro de jaula abierta
que el emigrar.

DESAPERCIBIDO

Cuando no sé cómo me siento,
me visto con el viento.
Cuando no le importo más que a nadie,
me visto con el aire.

Ay, petirrojo bandolero, que una vez volaste
y tus alas invisibles te volvieron.
Vas de aquí para allá como la palabra de un noticiero
y lo que no saben es que hieres con tu pico al hablar
como una flecha de acero.

EN RESILIENCIA, MI RESIDENCIA

En resiliencia, mi residencia,
donde el sol de mi cielo
brilla;
hoy seré la hoja,
hoy seré la oruga;
el beso de un Céfiro que me lleve a otra parte,
una parte que no anhela serlo todo.

Me quedo con el bosque,
seré un delito de eucalipto y lirio,
seré la tierra,
seré la lluvia y también el lodo.

La bruma aquella,
de algún modo,
en el mundo aquel;
donde nadie observa cuando mira
para cuando la única cena
sean solo el vino y la miel.

ÁRBOL DISTINTO

Laberinto de larvas y de vino tinto,
plántame un árbol, y que sea bonito,
ay, que yo me quedo aquí, alimentándome de lo lindo,
que de sus distintas frutas me brindo.

En sus hojas yo me escribo bien,
de su savia beberé.
Será mi guía, el día en que yo lo escale,
y con él me escaparé.

Su savia es su sangre,
y sus ramas, los brazos en los que yo me agarre.
Tira al monte, caballo pobre.
Corre y arre.

Es un árbol que crece mixto
—a las pruebas me remito—,
entre toronjas y pomas, que para él es lo mismo.
Árbol que niega su raíz al mirlo.

Árbol.
Corre y sé libre, sé caballo,
así: sin fin; pero tan solo hazlo.

TAMAÑO INTACTO (FLOR DE UN SOLO DÍA)

Te daría las llaves de mi casa
y hasta las de mi corazón
—si las tuviera yo—.
Pero mi corazón es una puerta sin cerrojo,
abre y se cierra a su antojo.

Temprano de un mirar cansado,
gorrión sentado,
baratija que baraja mis entradas y salidas.
Tus pétalos son de seda;
tus alas de algodón pintado.

Águila que rompe témpanos,
eres cazadora y aun así mi cuello intacto,
patas de arpía,
rostro de ángel del día.
Tomó mi mano, yo se la di; ya no es mía.

Flor de un solo día
florece de noche
muere al mediodía.

MI AMAPOLA

En mi jardín tengo una única amapola.
¡Ay!, mi amapola,
que no esté nunca sola.

La riego cada día
con las primeras aguas del rocío
y la abono con la tierra de ultramar.

Es una flor pelirroja de pétalos igual.
Sus ojos son de té verde
y su pelo
del junco
que se inclina con tal de pescar.

Ay, mi amapola,
que no esté nunca sola.

Y por ello la atiendo en su lugar.
Es un recinto a los cuatro vientos
y en los verdes cielos,
y los azules valles
ella baila por igual.

Ay, mi amapola,
que no esté sola.

Un haiku perdí;
se fue volando
con sus tersas alas
de origami
por lo alto del aire
—por allí—.

Los deditos de tus piececillos
son las teclas del piano que toco ahora,
y sus delicadas raíces
que luchan por aflorar.
¡Ya te dé el sol, amapola!
Ya te dé el sol.

La poesía es, sin duda, un lenguaje floral.

Mi amapola,
que no esté sola.

POR VENTURA

¡Me he perdido!
Escucha, voz de niebla,
y por ese motivo
es que voy a volver.

¡Vine del agua, y al mar volveré!
Escucha, voz de coral,
y por ese motivo
mi cabecita de terciopelo no se para a pensar.

Tu vista se rompe como los azulejos,
espejo de tiza blanda,
y saboreo tu victoria como tus ojos de caramelo.
Es por ese motivo que nunca voy a parar.

Pies míos, que me tenéis, por ventura,
en el mejor momento de mi aventura.
Voz de peregrino, que viene de vagar mundo
y pretende acabar en el mar.

Ya salgo del bosque de las hadas,
voz de viento, voz de rama;
os espero en la orilla, donde el mar apenas cubre
y la corriente no me lleve a profundidades heladas.

Orilla donde se encuentran el mío y el tuyo corazón,
y juntos hacen castillos con las arenas, que son un desierto,
y las conchas de las caracolas
son porches de nácar donde descansar.

EN LA PLAYA

MIS GANAS VAN A MORIR AL MAR (KINTSUGI)

[Mis ganas de romperme se van a morir al mar.
Como las olas.
Como la cerámica del agua
contra una roca de azar].

Mis ganas van a morir al mar
como las lágrimas
como los gritos
como el plástico.
Olas de falsas medusas
sin respuesta
ni siquiera un eco.
(H)Olas
nada más
sin contestación.
Mis ganas van a romperse con las olas
como con todo gran afluyente
van a morirse al mar.

[Mis ganas de romperme se van a morir al mar.
Como las olas.
Como la cerámica del agua
contra una roca de azar].

AIGÜES

Soy el vástago de la incertidumbre y de la eternidad,
un cantante que solo sabe susurrar
con voz de agua.
¡Torrente, corriente de curvas bastas:
llévate mi tempestad!

Tengo guardadas en seda tricolor
las bolsas del té
que ahogo en el agua que da la fuente
de estos ojos que no lloran.

Aguas
aguas de agujas
agujas de agua
de diferentes vertientes
de diferentes aguas
diferentes o corrientes.
Enterradme sin peso.

Quiero nadar sin cansarme;
quiero saltarme el proceso de aprendizaje.

Por vuestras vástigas aguas,
quisiera nadaros por siempre.

PEZ DE AGUA

Hago rebotar una piedra en el agua
y me tumbo en mi balsa.
Acaricio un pez de agua que nada entre las ondas.
Es como un pequeño hada
de agua fría y salada.

Un calvario
de clavos varios
que perfora la madera de mi recinto
y me apuñala.

Me salvará el pájaro de aire,
que viaja entre las nubes del oeste
y nadie.
Él me agarrará,
y me elevará donde no nos pueda alcanzar
la curiosa mirada de alguien.

ATRAPA AL PEZ DORADO

Meditar es como nadar
en el mar inmenso
de profundidad infinita
que es tu mente.

Hay ideas que flotan
en la superficie
y todas de tamaño diferente.

Pero cuanto más profundo bucees
más ignoto es el color
y más grandes esos peces.

Encuentra el pez dorado
que desapareció entre la corriente,
que desapercibido pasa entre la gente.

Y no te olvides nunca de salir a respirar,
la nuca se queda fría porque a menudo se escurren los pensamientos
que se deshacen con el calor de las profundidades.

Evita dejar tu cuerpo náufrago, a la deriva,
como derivan los pensamientos,
que pasan de costa a costa en cuestión de minutos,
perdiendo a veces parte de balsa y objetos,
que a menudo parece material efervescente ante el agua.

Has de nadar con mil ojos,
saber de ríos, también de charcos y océanos,
para encontrar esa idea con forma y color;
para meditar bajo el nombre del pez dorado.

FARO DE AGUA

Bombillas por el suelo
que iluminan mi camino
pero cortan mi caminar.

Peco de ceguera
y las farolas que yo enciendo
son las lámparas de gas.

Iluminan, ay, toda el agua.
Y yo, que soy mal pescador,
pido ayuda a la sirena de pelos de alga.

Mi linterna es un faro
para animales perdidos
que paran a un final.

Como polillas a la luz.
Ahora soy yo quien se perdió pescando.
Iré hacia el único foco que hay en todo el mar.

Como polilla: hacia la luz.

Charca errante:
pez de estaño con el agua amarga,
dime, con tu cara extraña,
¿temes al pescador
en la orilla larga?

Pez en el lago de lo oculto,
dime, pez de globo, pez de agua,
sentadito en los nenúfares,
por la noche, ¿con quién hablas?

Las estrellas ya se fueron
y sin remos, soy yo la barca.
Sube adentro, pez dorado, y luego ya veremos;
aquí hay espacio de sobra para una nueva charca.

TRIPULACIÓN (MAR DE INMENSIDAD)

Como diciembre sin su enero
como la pausa sin su continuidad
hay un barco que no avanza entre tierra y tierra
entre puerto y puerto
siempre en el mar.

Al tiempo ya le hizo burla
sus años están desordenados
y navega con madera de pino y roble
un mar de lágrimas derramadas
por las almas de los que saben
que no los podrán volver a ver jamás.

Mis cervicales no son mías
no las reconozco ya
el capitán ha de hacer de ancla y de remo
en este río con caudal de mar
que anuncia lugares como una carretera
hacia el fuego y su quemar.

Barco de madera ignífuga
¿adónde crees que vas a atracar?
si tus piratas ya no son más que marineros
y tus marineros no son más
que pasajeros
turistas de visita que no saben dónde están.

Si bebierais de esa agua sin querer
o queriendo
llevaríais la barca a rastras con vuestro empeño
para que otros pudieran perderse por siempre en su navegar.

PASAJE DEL BARCO DE PAPEL HACIA EL ALCANTARILLADO

¡Vuelve al mar,
barquito,
vuelve al mar!

Que tu papel es caballero,
y tus sirvientes camareros,
para protegerte de la ayuna
cuando se precipiten en tu viaje las lluvias
que desemboca el mismísimo aguacero
que todos quisimos grabar.

¡Vuelve al mar,
barquillo;
vuela a la mar!

[Porque hay barcos de papel
que soportarían
las peores tempestades].

Y YA QUISIERA YO VOLAR

Quiero volar,
ligero como un jilguero,
y que me lleve el aire lejos,
y volver con hojas marchitas y flores frescas
oliendo a néctar y romero.

Quiero poder nadar,
en una infusión de nardos,
y que me ahogue todo el humo que me he ahorrado
en dejar de fumar.

Quiero escribir en la playa de nieve nuestros pasos
y que las huellas se borren
con las caricias de las aguas
y de las olas sus abrazos.

Quiero usar estas alas
y batir con mi nervio de ansiedad
hasta salir disparado, y tocar el sol.
Tocarlo, ni tan siquiera poder tocarlo,
tan solo una vez más.

POR MI AGUA ES QUE NADO

Nado por el mar
por el agua nado
hablo por mi voz
y le canto a mi propio cante
me río por mi propia gracia
camino por mi caminar.

Nada me motiva más
para ser yo libre
que mi propia libertad.

Bailo por mi propio baile
mi camino es mi andar.
Nado por el hecho de que es mi agua.
Por mi agua es que he de nadar
y absolutamente nada más.

Desemboca, río tibio,
que sé que eres pequeño y tímido
pero deja ya de temblar
que te espera la gran inmensidad
de poder ser tú el mar.

RAMO DE AGUA

Flor de nenúfar,
horquilla, en el pelo adecuado,
para el pelo de algas
para la mujer de agua
que el río ha cosechado.

Ninfa,
mujer de alga
con pelo de aguas.
La flor de nenúfar
te llama.

ESTRIBILLO XXIII

No hay corriente que me lleve
ni de aire ni de agua.
No hay corriente que a mí me lleve.
Ni corriente suave, ni fuerte ni leve.

No sé cuánto más tardaré,
no sé si un año,
si acaso dos,
o una eternidad tal vez.

Temporal fuerte e inestable,
llévate también mi cordura,
que como de ti nadie pregunta
y nadie sabe.

¡Ay, temporal suave!
Haz de tu núcleo un torbellino
y haz del llano un largo sable.
Que estoy harto de tragar llanto
y de siempre ser amable!

BALSA DE MEDUSAS

A ti, que te quedaste dormido
en la orillita del río,
recoge las piedras que dejaron pasar.

A ti, que te encontraron durmiendo
en lo profundo del mar,
encoge las piernas
si a los peldaños de aquella orilla
quisieras llegar.

MEDUSA, FLOR DEL MAR

¡A falta de ramos en tierra
cosecharé todas las flores que queden en el mar!
¡Para ofrecerte con un poema
para imponer en belleza que me importas cada vez más!

Y aunque dice la leyenda
que miles de peces de gelatina
protegen la flor marítima más bonita,
me protegeré de guantes
y respiraré en las profundidades
para preservar mi voz tras la vuelta
con esa flor de mar entre mis fauces
de un color desconocido que todavía impacte
y que de preciosa nos parezca insultante
a la par que nos cautive al mirar.

Miles de peces de gelatina
que no protegen con colmillos
sino con garras alegres de vestido y falda,
sus flecos son dedos sencillos y mortales.
Pero yo, por ese motivo, bajo el agua, llevo estos guantes,
para salir del mar, en la tierra triunfante,
un ramo de todas partes y de todas las edades
para dejarte como ofrenda en el alféizar de tu ventana.

[Dos flores protegieron las infinitas medusas («flores del mar»).
Dos ramos dieron cada una de ellas (dos nada más).
Que ahora están juntitos, en un jardín, real.

Sus pétalos serán colgantes
y su tallo será el pilar troncal
que sujetará este techo ondeante
de una casa capaz de pensar].

PAISAJE. RELATO (DE NOCHE, SOLO EN EL ACANTILADO)

De groserías escondidas
de gritos sórdidos
está el mundo lleno.

La naturaleza no deja atrás sus traumas
y estos la matarán
y a nosotros como sus verdugos.

Por eso es que solo se puede pasear a escondidas
por eso solo en soledad
y por eso un señor que pasea solo por el campo
se pasa solo por los acantilados
mirando con recelo el vacío que lo separa del mar.

Señor, que se sienta como viéndolas pasar
como viéndolas venir
sus problemas son como las olas
sus ideas de bombero
bombean con el agua.

Él es clarividente
y claro que él está
con su genio mejor dejarlo reposar
sus pies son errantes pero él se sienta

y antes de tirarse a la luz de la noche
su sombra se levanta
y vuelve por donde vino a empezar.

ROMPER

Cuando la luna se pone
sus zarcillos de coral
las olas del mar bravío
rompen a llorar.

—Introducción—

Romper a reír
Romper a cantar
Romper a salir
Romper a bailar
Romper a existir
Romper a llorar
Romper a morir
Romper a volar...

—Capítulo 1: descripción prosaica—

La acción de romper
que hacemos las personas
es la imperiosa necesidad de actuar
con todo el fuego de nuestro deseo,
tanto que se convierte en necesidad.

Es como arrancar de raíz
una acción de nuestro pecho.
Por eso me arranco a escribir

una flor como esta, y rompo a «poetizar» lo que toco
como quien profetiza la llegada de la tinta
—al cuerpo; a los ojos—.

—Capítulo 2: el poema—

Como quien se rompe al romper
a hacer algo.
Como quien arranca a caminar,
y rompe a viajar el espacio.

Un viaje es llenar el espacio vacío
que hay entre tu tiempo vacío y el destino.
Templo vacío: el hemisferio hueco de pena
que hay en el marco del piso de arriba
de ese alto infinito reloj de arena.

Ahora rompo a romper los papeles que he perdido.
Ahora arranco a arrancar las malas hierbas mal situadas en el camino.
Ahora rompo a arrancar
—estos pétalos desordenados—.
Ahora arranco a romper
—lo roto, lo arreglado—.
Ahora canto al amanecer
—que sale por su lado—.
Ahora me callo, al anochecer
—shhh: callado—.

MAPA ESTELAR

Calla, mañana recién nacida.
Que te calles, rubor de madrugada,
que me toca a mí pasar, y si el sendero está libre de estrellas
podría perderme en el camino del bosque
y acabar en la mar
donde no sé si sabría o no caminar.

Con tu camino de estrellas
—mapa estelar—,
manto que todo lo arropa
y que no necesita más.

Peregrino,
no hagas caso de los colores grises
y de esos sinsabores,
que la vida es hermosa
aunque solo haya una forma de amar
y mil de degustar todos sus dolores.

Peregrina,
si no das el brazo a torcer
no lo hagas tampoco con tu sonrisa,
porque de lo importante que es crecer
también lo es no olvidarse del transcurso que ha llevado la vida.

No hagas caso de los sinsabores de la vida
que hay especias por los rincones,
y campos en los que cultivar.
Porque hay campos de lavanda seca,
e igual que la fruta, de los campos provienen todas las energías,
como degustaciones que se pueden y te permiten cosechar.

Mapa estelar,
que como una estrella en el mar
y un arcoíris en espiral
me guías a mí
como los pececillos no se pierden en el agua eterna
de la inmensidad.

Que te calles, rubor del alba,
destello de la madrugada.
Que me levanto, y me dispongo a pasar
yo solo, con mi pasear.

EN LA NOCHE

EMBRUJO I

Lechuza que mira
anuncia el mensaje que quiero librar.
Me encadenaré a tu embrujo por un pacto,
bruja de la danza del mar.
Embrujo, baile, encanto y cante
quien te quiera te tiene que otorgar.

Era el viento cuando pasaba.
Era el agua cuando corría.
Era la espuma cuando flotaba.
Era madera cuando rompía.

Fue el fuego cuando quemaba.
Fue la gravedad cuando volaba.
Fue el suelo, cuando un día al fin cayó.

Es el pájaro cuando canta.
Es el pan cuando come.
Y, cuando nadie mira,
ni siquiera con los ojos
de su mirada
no será
nada…

mientras no la invoquen.

NUBE

Señora de nube
en forma de maternidad,
deja de amamantar ese espectro de niño
y conviértete en manantial.

Nube en forma de ciervo,
deja de estar alerta
y transfórmate en otro animal
que no sea alimento para otro atleta.

Barco en forma de nube,
deja de marear
que tus velas son de algodones
y ningún puerto te reconocerá.
Mejor transfórmate en una aleta
y nada de cielo en cielo
hasta hacer de ti mismo un huracán.

Señora nube,
dime, tú, que ahora me miras,
¿en qué sueño nos volveremos a ver
si algún día te pierdo en el techo azul,
o si algún día dejara de creer
en que allá arriba hay algo, como vosotras,
diosas voluptuosas, nubes, algo que ver?

SOL DE ESTRELLA NUEVA

Sol de estrella nueva,
luz de luna vieja,
atrévete a mostrarte
la primera vez que llueva.

En el aire de tu cielo
hay polvo de plata.
En las olas de tu pelo
como un pez me muevo
y el saltar de cresta en cresta
me delata.

En el mundo de tu tierra
hay cristales de azúcar de caña.
Por el bosque de tu suelo
como un lobo me pierdo
y me escondo entre sombras y yesca
por si me cazan.

Sol de estrella nueva,
luz de luna vieja,
atrévete a mostrarte
la última vez que me vaya.

ROMANCE DE LA VENTANA (DRAMA EN UN SOLO ACTO)

Niño que no sale,
niño que de sapiencia espectacular.
Tu piel es suave
y blanca como la luz cenicienta
que te llega en clave
del polvo lunar.

Duermes solo
sin nadie que te acompañe
y tu habitación es la de la torre de un castillo.
Desde ella se ve el campo
y se cuela el olor de la lavanda
que hace banda con el azahar.

Te ponen una vela en la mesita,
candelabro que has de apagar.
La fuerza del fuego te hace daño
y luego con el agua de tu mirada
te inclinas abalanzado
para poderla apagar.

Acechas la ventanita. Ay, esa ventana.
En la que solo la luz de la luna
te puede acariciar.
Luz de niño; niño de luna,

esperas con la ventana abierta
que tu amor te venga a visitar.

Cantas cada noche
con tu voz alada una onda
de la naturaleza similar.
Para guiar tu visita nocturna,
esperas con la ventana abierta
a tu caballero rescatador y fugaz.

En tu habitación siempre es de noche,
y sabes que esperas con la ventanita abierta
una visita que nunca vendrá.
Por tu ventana solo entra la luna,
visita que realmente esperas,
niño sin figura, capaz de volar.

Tus persianas
son de tela fina
y por ellas
las sábanas en trenzas de luz
que te lanza la aurora,
las apartan y te vigilan.

Te apoyas en la almohada,
y la ceniza de tu vela manchada
ensucia los pasos por los que pasas
cuando la derramas.

A tu nariz el azahar le guía y le susurra
que ya está aquí, se le abra.

Tus ojos se abren ya de amor y rabia.
A sus puertas. A tus puertas.
A las puertas.
De una única ventana.
Habitación sin puerta
por donde todos pasan.

A las puertas
de la única ventana,
por donde solo entra la visita
del claro de luna
y salgo yo por ella,
niño víctima, para contestarle.

Ventana por donde entra el sol.
Ventana, que es ahora un mirador.
Decidme, pájaros de la mañana.
Dime, petirrojo madrugador
y mirlo soñador,
¿hay acaso un lecho? ¿Hay acaso niño, en el recibidor?

Y si no hay ya un niño,
¿qué es una maceta sin su brote?
¿En qué queda?

¿Se podría decir que,
ay, ay, ay, hay acaso ahora
una sola habitación?

CÁRDENA ESTAMPA CELESTE (ECLIPSE)

Paloma de noche,
flor de luna,
dime, ¿a qué cielito quisieras tú volar?

Paloma de día,
sol de pluma,
dime, con el viento,
¿con qué cielito te quisieras tú encontrar?

Sol y luna se abrazan en el mismo cielo.
Día y noche se ven con sus pupilas negativas.

Hay un verso que se interpone.
Hay un velo transparente,
un vestido de trapos mojados en forma de uniforme
hecho de nubes suaves y niebla tenue
que hacen formas, a veces,
como nudillos que se entrelazan.

Son como un abrazo perenne,
que se termina en un instante,
hasta que se vuelvan a encontrar, ansiosos,
en esa misma hora.

Cada día
y cada noche
—a la vez—.

ESTRIBILLO XXIV

Melena de oro y cobre
la que te cubre,
que tapa la luna al atardecer
y que provoca un eclipse enorme,
con dos mejillitas de marfil
y colorete de sal con fresas que forman el orbe
—ay, que me quisiera yo comer—.

Melena de oro y cobre
que todo lo cubre,
tanto de frente como de perfil.
Si se achica tiende al infinito
y si se alarga todo lo cubre.

SOY EL NOVIO DE LA LUNA

Soy el novio de la Luna
y cuando la beso
se queda quieta
durante un corto segundo
y se pone el velo de novia
y para verla yo me aúpo.

Soy el novio de la Luna
y cuando pasa me duermo.
Mis párpados son dos pétalos de marfil
cuando ella pasa
y me transporto a su arena de plata
y yo en su vientre me acuesto
y ella mi pelo acaricia
con sus dedos de cristal,
con sus manos, desnudas,
hasta que llegue agosto
—hasta que llegue agosto—.

CESTA DE ASTROS

El firmamento juega a un juego de exterior.
El cielo firma con sus constelaciones
que ocupan el puesto de un Dios.
Tal vez deidad del pasado,
tal vez lo será posterior,
pero recoge astros como quien los cosecha,
y en vez de jugar a lanzarlos
(como canicas, que creo que es lo que son)
este gigante de estrellas los cultiva con intención.

¡Atención al campo!, que es nuestro cielo,
cúpula azul de manto agujereado.
¡Atentos!, al mármol que deja pintado:
parecen manchas de arena que tienen luces propias.

Me haré una casa con las estrellas,
viviré en un planeta, a ojo, aunque sea muy lejano,
allí donde consiga señalar un simple dedo
(con eso bastará).

Déjame vivir en tu palacio criselefantino,
en el cielo de tu boca,
allí me haré habitable un hoyuelo;
en el claro de tus ojos,
en las lunas de tu piel,
vivir con todas estas cosas de un planeta quiero.

Un cuerpo (lo tiene todo),
y no hablo del propio:
es todo lo que necesita una persona
para poder vivir.

UN SACO DE PIEDRAS (PRECIOSAS) TENGO

La luna es una rosa de mar.
La noche, un mar de jazmines.

Dime, estrella fugaz,
en todo este campo infinito,
¿dónde se encuentra mi caminito,
hecho del polen de mis jardines?

Los caminos
se hacen con las piedras que nos encontramos.
A veces son cuarzos,
otras veces de barro.
No siempre encontrarás rubíes,
pero con la arcilla
también se puede hacer estupenda bisutería.

En este páramo que es la vida,
parnaso de un solo instante,
no hay duda de que es igual de importante
tanto la meta del camino
—objetivo, al fin y al cabo—
como poder recoger las flores y pararte.

[Tengo una colección de piedras preciosas que he recogido,
saco de cosecha de mi camino.
Las voy a tirar todas al agua, me da igual su valor:

es más preciada la diversión.
Porque cuando el río suena
yo juego —siempre, con Él— a rebotar piedras].

BARCO DE VELA BOREAL

(A los que se van quedándose)

Que no os engañen vuestros ojos cerrados,
que yo os vendré a visitar en sueños.
A quitaros el frío de los párpados
con uno suave de mis besos.

Y entraré por la ventana al surcar con un barco de vela boreal
el cielo,
cromado de una escala de rosas y azules,
hasta que aterrice en vuestro suelo.

Extranjero seré, pero no perdido;
yo me oriento,
me guío bien por el sonido de vuestros latidos.

Y os recordaré mi nombre soplando sobre vuestras cabezas
y bajo vuestras almohadas se solidificará mi frío aliento
tras susurrar las palabras que tanto os quiero.
al despertaros con una carta en vuestros oídos tiernos.

Pero al girar vuestra mirada
la ventana permanecerá cerrada,
pero por la noche podréis ver el rastro que yo os dejé
sobre mi Pegaso de verde plumaje y de aturquesadas alas,
en el cárdeno oleaje
que por allí se mece.

IMPRESIÓN DEL SUEÑO

Cada noche la muerte viene a verme
y en su carruaje me saca a pasear
por su mundo oscuro
por sus calles brumosas de bosque puro
ay, por sus jardines oscuros
y me enseña todo tipo de fuentes y esculturas
que nunca se llegaron a formar.

Cada noche se sienta a los pies de mi cama
como si fuera su escritorio
y mi mirada muere con su mirada inerte.
Sentido mundo dormido, preludios a intervalos de la muerte
pequeñas demostraciones de un reino
que se mira como quien mira a un espectro.
A través de un vidrio, a veces azul nítido, otras verdoso,
borrosamente limpio y de reflejos contradictorios.

La vieja hambre me visita, cada noche,
y quiebra mi mente
y al día siguiente
y a la siguiente noche.
Tal es así que ya no sé
si en mi mente dejó su simiente
ni sé cuándo ríe, si con su risa es sincera,
si la verdad dijera
o si miente...

Solo sé que es puntual.
Que cada noche tengo una cita
que trago a trago me causa estragos
y que en vez de quedar en un lugar para hablar
me voy a todo un reino
que se queda conmigo al despertar.
Y que decide que «hoy no», como cualquier noche más.

LAS PESADILLAS SUEÑOS SON

(A mi ilustrador favorito, Francisco Pérez)

Pobrecilla,
amor de verano
amor de mentira.

Pobrecillo,
que todos sus sueños
se le cuelan por la rejilla.

Sube la escalera en espiral,
con una mano sujétate el vestido,
la otra en la barandilla
por si hiciera falta tal.

Pobrecilla,
tiene sueños de cristal
tiene sueños de arcilla.

Cuidado, cariño, al despertar,
no te vayas a cortar
con un trozo hecho pesadilla.

Escribirás con tu nombre en tu delantal
y empujarás el hilo con tus dedos de dedal.
Escribirán con tu nombre la noche
y yo lo veré tras el cristal.

Y con el vaho que me quede de este aliento;
con el alma que le reste
a este triste recipiente inerte
y eterno,
escribiré un mensaje
para que lo leas bien pequeño
desde lo más alto del día de hoy.

Y es que: «Toda la vida es sueño;
y las pesadillas, sueños son».

LOS NO-RECUERDOS

Tengo una carta de día
y otra de noche
con letras de sombra
y signos del calor.
En ella se narra lo que vimos:

«Me acuerdo muy bien
de lo que no pasó
aquella tarde»...
En nuestro no-sitio,
en nuestra no-pasión.

Y menos mal, la norma impuesta desde entonces,
que es cierta y nos pusimos para evitar mi situación:
«Queda estrictamente prohibido volar
en espacios cerrados».

DESTINO

El destino es una canción que nadie sabe,
pero que a todos les pareciera sonar familiar.
Las Moiras debieron ser músicas
y con sus cuerdas, una guitarra.

A las Moiras, que son hilanderas,
les pedí que me hicieran una bandera
de (con) mis desgracias.
¿Quién sufriera tal severidad?
Que con asertiva serenidad
me hicieron durante mi primera vida
no dejar de ondear.

Moira que sí,
Moira que no,
Moiras, que este destino
lo decido yo.

Mentiras a ciencia cierta.
Se me marchita el cerebro
como las hojas de un clavel,
por capas, decidiendo el destino como una margarita.
Las intento coger, como cuando se quema el papel,
e igual que pasa al querer atrapar el agua
se me escapan.

Bordadoras eran
de esas que tocan todo,
siempre tocando algún borde de la Tierra;
siempre al borde de la tinta,
al borde del destino,
al borde de lo escrito,
al borde del olvido.

¿Quién sufriera tal severidad?
Que con asertiva serenidad
me hicieron durante mi segunda vida
no dejar de desear.

Moira que sí,
Moira que no,
Moiras, que este destino
lo decido yo.

Verdades a medias y medias tintas;
ya no me creo ni las verdades que me digo.
Las Moiras escriben siempre en tabula rasa;
como los libros
que leía cuando era un niño.

Las Moiras dicen que mienten,
también dicen la verdad;
todo es cierto, pero no te creas nada.
Te prometen de mentira,
como niños que juegan a casarse.

Aun teniéndote en cuenta a ti, al crecer,
petirrojo que vuela por ambos mundos.
No voy a cruzar los dedos,
no voy a juntar las manos;
toco un instrumento de cuerda
sujeto entre mis brazos.

¿Quién sufriera tal severidad?
Que con asertiva serenidad
me hicieron, durante mi tercera vida,
no dejar de descansar.

Moira que sí,
Moira que no,
Moira, que este destino es mío,
y lo decido yo.

EMBRUJO II

Me cargo cuando conectan nuestras miradas
como en las noches cuando son saladas.

Me caso con la cosa que no tiene caso,
y que menos caso hace a las palabras.

El sol me amenaza cada mañana,
con despertarme.

Te aviso,
cuando el primer atisbo de sol raye el día con sus rayos;
al albor del alba, cariño,
para que nos marchemos con la última luz de la estrella
que anochezca en la oscuridad de su propia sombra.

Creceremos, río que corre,
de nuestra propia ausencia,
y el primer ojo avizor lo avise cuando lo vea,
para que no nos vean huir.

Bajo tu ventana te espero, pensamiento que quema,
para que puedas saltar bajo mi colchón.

Te espero con la rosa que no hiere,
con el hierro que más tiembla,
diciendo que te ayudo con tu libertad,

pero quien se considera preso en su libertad
realmente soy yo,
caballero de mentira que se ayuda al ayudar.

Índice

EN EL CAMINO

El cielo canta en clave de sol 13
El cielo vuela 14
Al Alba y la Aurora 15
Encerrado en mi cerebro 16
El tiempo que se nos vuela 18
Paseo 20
Vagabundo 21
Canción del camino torcido 22
Tiempo pasado [a veces] 24
En un abrir y cerrar de ojos 25
Poco a poco, pero a pico y pala 26
Dónde 27
Al ralentí 28

EN EL BOSQUE

Arrumaco 31
Vestidito 33
Amigo de los vientos 34
Si viera un solo pájaro... 36
Petirrojo de medio cuerpo 37
Golondrina (besarte) 38
Pajarillos de jaula abierta 39
Desapercibido 40
En resiliencia, mi residencia 41

Árbol distinto ... 42
Tamaño intacto (flor de un solo día) ... 43
Mi amapola ... 44
Por ventura ... 46

EN LA PLAYA

Mis ganas van a morir al mar (kintsugi) ... 51
Aigües ... 52
Pez de agua ... 53
Atrapa al pez dorado ... 54
Faro de agua ... 56
Tripulación (mar de inmensidad) ... 58
Pasaje del barco de papel hacia el alcantarillado ... 60
Y ya quisiera yo volar ... 61
Por mi agua es que nado ... 62
Ramo de agua ... 63
Estribillo XXIII ... 64
Balsa de medusas ... 65
Medusa, flor del mar ... 66
Paisaje. Relato (de noche, solo en el acantilado) ... 68
Romper ... 70
Mapa estelar ... 72

EN LA NOCHE

Embrujo I ... 77
Nube ... 78
Sol de estrella nueva ... 79
Romance de la ventana (drama en un solo acto) ... 80

Cárdena estampa celeste (eclipse) 84
Estribillo XXIV 85
Soy el novio de la Luna 86
Cesta de astros 87
Un saco de piedras (preciosas) tengo 89
Barco de vela boreal 91
Impresión del sueño 92
Las pesadillas sueños son 94
Los no-recuerdos 96
Destino 97
Embrujo II 100

Este libro se terminó de editar en Granada
en septiembre de 2025 por

www.aliarediciones.es
info@aliarediciones.es